**PAIDEIA
ÉDUCATION**

JEAN COCTEAU

La Machine infernale

Analyse littéraire

© Paideia éducation.

22 rue Gabrielle Josserand - 93500 Pantin.

ISBN 978-2-75930-456-1

Dépôt légal : Septembre 2023

Impression Books on Demand GmbH

In de Tarpen 42

22848 Norderstedt, Allemagne

SOMMAIRE

- Biographie de Jean Cocteau.. 9

- Présentation de *La Machine infernale*....................... 15

- Résumé de la pièce.. 19

- Les raisons du succès.. 25

- Les thèmes principaux... 31

- Étude du mouvement littéraire................................... 37

- Dans la même collection... 43

BIOGRAPHIE DE
JEAN COCTEAU

Jean Cocteau est né le 5 juillet 1889 à Maisons-Laffitte, en région parisienne. Issu d'une famille de la haute bourgeoisie, il est frappé par le suicide de son père en 1898. Il emménage alors avec sa mère, son frère et sa sœur chez son grand-père dans un hôtel particulier de Paris et suit des études au lycée Condorcet, puis au lycée Fénelon. C'est dans cette demeure qu'il rencontre les célébrités de l'époque et se familiarise avec la musique de Beethoven, de Berlioz et de Wagner. Réputé pour avoir la conversation la plus spirituelle de Paris, il est un habitué des salons mondains dès 19 ans où il fréquente Lucien Daudet, Anna de Noailles, Jules Lemaître, Edmond Rostand, François Mauriac ou encore Marcel Proust. Il publie à cette époque ses premiers recueils de poèmes : *La Lampe d'Aladin* (1909), *La Princesse frivole* (1910) et *La Danse de Sophocle* (1912).

Très tôt attiré par toutes les formes d'expression artistique, il travaille aux côtés de Stravinski et compose l'argument d'un ballet pour Diaghilev, *Le Dieu bleu* (1912). Se ralliant ainsi aux avant-gardes, il prend conscience des limites de l'univers mondain et des succès faciles, et cherche à approfondir ses réflexions poétiques, ce qui le mènera à la rédaction du *Potomak* (1919). Comme bon nombre de poètes de sa génération, Cocteau est bouleversé par la Première Guerre mondiale. Réformé en 1914, il s'engage toutefois comme ambulancier civil et se fait adopter par les fusiliers marins de Nieuport. Expulsé par l'autorité maritime, il apprend le lendemain que ses camarades viennent de périr dans un assaut. De ce traumatisme naîtront les poèmes de *Thomas l'Imposteur* (1923) et du *Discours du grand sommeil* (1924). Revenu à Paris, il fréquente Apollinaire, Max Jacob, Reverdy, Cendrars, mais surtout Satie et Picasso. Il se veut alors le défenseur d'une transversalité entre la musique, la peinture et la littérature.

En 1919, il fait la rencontre, fondamentale pour lui, de Raymond Radiguet, dont il va assurer une reconnaissance rapide. Le futur auteur du *Diable au corps* n'a pas encore seize ans, mais Cocteau est fasciné par son caractère et par ses talents littéraires. Ils se retirent tous les deux au Picquey, près d'Arcachon, et se consacrent à l'écriture, le plus âgé des deux s'essayant alors au roman. Au tournant des années 20, Cocteau vit l'une des périodes les plus fécondes de sa carrière : il rédige un art poétique, *Le Secret professionnel* (1922), monte des pièces de théâtre (*Les Mariés de la tour Eiffel, Antigone, Œdipe roi, Orphée*) et publie des romans et recueils de poèmes (*Plain-Chant, Thomas l'Imposteur, Le Grand Écart*, tous en 1923). Le décès de Radiguet, emporté brutalement par la fièvre typhoïde le 12 décembre 1923, entraîne Cocteau dans une grave dépression qui l'incite à utiliser de l'opium, puis à se rapprocher de l'Église catholique.

L'œuvre de Cocteau ne cesse alors d'avancer sur divers fronts. Son goût pour le sacré influence l'écriture de ses pièces de théâtre. Souvent teintée de mythologie grecque, parfois réelle reprise d'auteurs tragiques de l'Antiquité, son œuvre met en scène les puissances ténébreuses et les ressorts tragiques qu'elles révèlent. Durant l'hiver 28-29, Cocteau se libère définitivement de la drogue au cours d'une énième et extrêmement rude cure de désintoxication. De cette expérience ressortira *Opium* (1930), ouvrage qui mêle poèmes et dessins. C'est aussi à cette période qu'il rédige *Les Enfants terribles* (1929), son premier grand succès romanesque. Son œuvre devient plus sombre, chaotique et amère, comme en témoigne *La Machine infernale* (1934).

À la même époque, Jean Cocteau s'essaye au cinéma avec *Le Sang d'un poète*, film aux ambitions plastiques qui ne sera pas couronné de succès. Son travail occupera donc les planches pendant la décennie à venir : *La Voix humaine* (1930), *Les Chevaliers de la Table Ronde* (1937), *Les Parents terribles* (1938) ou *La Machine à écrire* (1941) en sont les meilleurs exemples. À chaque nouvelle pièce, il parvient à élargir son public. Son succès populaire s'accomplira toutefois par le septième art. Poussé par sa rencontre avec Jean Marais en 1937, il écrit le scénario et les dialogues de *L'Éternel retour* (1943), puis passe à la réalisation, en 1945, pour *La Belle et la Bête*. Suivent *Ruy Blas* (1948), *L'Aigle à deux têtes* (1948), *Orphée* (1950) et *Le Testament d'Orphée* (1960). Il n'en abandonne pas pour autant les autres formes d'expression, continue à publier des poèmes (*La Crucifixion*, 1946 ; *Clair-Obscur*, 1954), rassemble des souvenirs (*La Belle et la Bête*, Journal d'un film, 1946 ; *Le Cordon ombilical*, 1962), des chroniques (*Reines de la France*, 1948) ou des conversations (*Entretiens autour du cinématographe*, 1951), revient une dernière fois à la mise en scène tragique (*Bacchus*, 1952), s'adonne à la peinture, expose des céramiques et décore les chapelles de Villefranche-sur-Mer ou de Saint-Blaise-des-Simples à Milly. En 1947, Cocteau rencontre Édouard Dermit, mineur en Lorraine et peintre, qu'il considèrera comme son fils adoptif et qui deviendra son légataire universel. Toute sa vie, il sera un artiste épris de toutes les formes en même temps qu'un homme admiré de tous les publics, au risque de ne pas montrer à ses contemporains une apparence entière et une œuvre stabilisée dans un art. Intéressé par la spiritualité, il ne parvient pas à se plier au dogme catholique et construit une véritable mythologie personnelle, inspirée des mythes antiques et des grandes œuvres du passé.

Sa reconnaissance atteint son acmé au milieu des années 50 avec son entrée à l'Académie royale de Belgique, puis à l'Académie Française. Il entreprend alors de faire une sorte de bilan dans *Monologue II* (1960) où il réaffirme un thème qu'il avait auparavant développé dans *Journal d'un inconnu* (1952) : le poète est entouré de mensonges qui construisent sa propre fable, mais l'empêchent aussi d'atteindre sa vérité. *Requiem*, son dernier poème, creuse l'image du voyage aux Enfers. Il s'éteint le 11 octobre 1963 à Milly-la-Forêt, emporté par une crise cardiaque. Présent dans les salons des de la Belle Époque, prenant une part active dans l'émergence des mouvements d'avant-garde dans les années 20, participant, comme Anouilh, Sartre ou Giraudoux, à la reprise des grands mythes grecs dans la tragédie contemporaine, développant un cinéma esthétique et riche en références culturelles, père d'une œuvre poétique marquée par l'expression de l'intime et la vivacité du ton : il est peu de dire que Jean Cocteau aura traversé une partie du siècle en le représentant avec brio.

PRÉSENTATION DE LA MACHINE INFERNALE

La Machine infernale est une pièce en quatre actes qui a été représentée pour la première fois à la Comédie des Champs-Élysées le 10 avril 1934. Très intéressé par le mythe grec, Jean Cocteau commence à penser une pièce qui mettrait en scène Œdipe et le Sphinx dès sa cure de désintoxication en 1929, qu'il considère à cette époque comme un prologue à la tragédie de Sophocle. C'est le point de départ du travail de l'auteur, avant qu'il n'écrive, entre 1930 et 1932, les trois autres actes dans le désordre. Ce trait d'écriture oriente la structure finale de la pièce, construite comme quatre courtes saynètes qui serait presque en mesure de fonctionner indépendamment. En reprenant l'histoire d'Œdipe, tout en mettant en scène ce qui précède *Œdipe roi* (la rencontre d'Œdipe et du Sphinx, sa nuit de noces avec Jocaste), Cocteau élargit le champ de la diégèse de la pièce et en condense les thèmes et les personnages pour atteindre une efficacité plus moderne. La pièce est achevée en septembre 1932 et, au cours de l'hiver suivant, Louis Jouvet accepte de la mettre en scène. L'élaboration du texte est toutefois assez longue, Cocteau ne cessant de le reprendre courant 1933, cherchant toujours plus de nervosité. Le travail de Christian Bérard pour la construction du décor est lui aussi très important. Épuré et mystérieux, il permet d'illustrer les plis et les replis qu'expriment la représentation, de placer les personnages dans la « machine » complexe et implacable qu'est la tragédie.

La pièce garde l'affiche avec succès pour 64 représentations. Seul le départ de Jouvet pour le théâtre de l'Athénée est en mesure d'arrêter un succès qui ne cesse alors de grandir. Le texte est publié quelques mois plus tard chez Grasset.

C'est le titre de la pièce qui alerte d'abord. Évoquant l'enquête policière, la science-fiction, voire le complot politique, il permet à Cocteau d'appuyer le fonctionnement tragique de la pièce et la destinée implacable du roi de Thèbes. Il ne faut pas oublier, en effet, que le mythe est présent dans la culture européenne depuis presque 2800 ans, que la tragédie de Sophocle ne cesse d'être réinterrogée et que, trente-quatre ans plus tôt, Sigmund Freud en a donné une lecture psychanalytique dans *L'Interprétation des rêves*. Le mélange des genres et des références, les différents niveaux de langue, les passages de la tragédie à l'humour, l'oscillation entre la tradition et la modernité définissent cette pièce au plus haut point. Les thèmes abordés sont nombreux dans cette pièce, aussi nombreux qu'une époque d'entre-deux-guerres peut en fournir. Retenons-en toutefois deux tout de suite. Il y a, d'abord, le libre-arbitre, notion centrale dans le travail de Cocteau. Tout l'intérêt réside dans cette volonté de voir évoluer des personnages dans « une des plus parfaites machines construites par les dieux infernaux pour l'anéantissement mathématique d'un mortel ». Le second thème est la complexité de l'espace et du temps. En convoquant fables de toutes sortes, originalité de la mise en scène et du jeu des acteurs, Cocteau (aidé en cela de Jouvet et de Bérard) interroge l'ancrage historique des références culturelles, le présent de la représentation et le hors-temps de la légende.

RÉSUMÉ DE LA PIÈCE

Acte I : le fantôme

En introduction, la Voix rappelle le mythe d'Œdipe : poussés par l'oracle d'Apollon, Jocaste et Laïus décident d'abandonner leur enfant, les pieds troués et liés, sur la montagne. Peinés par une couche stérile, Polybe et Mérope, le couple royal de Corinthe, se font une joie de l'adopter. À la fin de l'adolescence, Œdipe interroge l'oracle de Delphes qui lui annonce qu'il tuera son père et épousera sa mère. Alors en fuite, il tue malencontreusement Laïus avant de continuer sa route. Il prend ensuite connaissance du malheur qui touche Thèbes et, mené par son orgueil, décide d'aller affronter le Sphinx. Le destin d'Œdipe est alors pleinement lancé, pour le plaisir des dieux qui veulent le voir tomber de haut.

L'acte premier s'ouvre sur « un chemin de ronde sur les remparts de Thèbes ». Deux soldats veillent, persuadés de protéger la ville contre le Sphinx qui rôde. Cette référence marquée à Hamlet n'en rend que plus implacable la machinerie de Cocteau. En effet, si le héros de Shakespeare parvient à parler à son fils, Laïus ne réussira pas à prévenir sa femme du sort que leur accordent les dieux. Il en est empêché par les soldats et par la surdité de la reine et de Tirésias, ce qui permet de créer un jeu de mots avec le nom du roi. Les deux soldats discutent du fantôme, échangent leur avis sur le Sphinx et se font réprimandés par leur chef parce qu'ils ont rendu publique l'apparition de Laïus. Alors que Jocaste, accompagnée de Tirésias, vient à leur rencontre, la reine semble plus préoccupée par la beauté du plus jeune des deux. Cet acte, aux limites du burlesque, installe le spectateur au cœur de la machine infernale. On reste en effet à chaque fois dans les détails de l'apparition (conditions, lieu, aspect…), sans jamais entrer dans les raisons profondes qui pourraient pousser le roi à revenir d'entre les morts. Laïus ne parvient pas à se faire entendre et voit s'échapper sous ses yeux la dernière chance de rompre la malédiction.

Acte II : la rencontre d'Œdipe et du Sphinx

Au même moment, sur une éminence qui domine Thèbes, le Sphinx, le monstre de la légende grecque, et Anubis, un dieu appartenant à la tradition égyptienne, discutent de la destinée des dieux. Eux aussi ont leurs lois, leurs dieux et leurs obligations, auxquels le Sphinx ne semble plus disposer à se plier : elle ne veut pas tuer ce soir. Ce sentiment est accentué lorsqu'elle rencontre une matrone et ses enfants qui lui disent de se méfier du Sphinx, de sa monstruosité. Finalement, c'est le Sphinx lui-même qui souhaite la venue d'Œdipe, malgré le discours d'Anubis qui tente de la rappeler à ses fonctions. Il lui apparaît alors et elle en est charmée. Après un échange presque amoureux au cours duquel Œdipe évoque sa volonté de tuer le Sphinx et le meurtre qu'il a déjà commis, elle reprend son apparence de monstre ailé et se révèle au héros. A contrario du mythe, Œdipe est peint en être naïf et peu téméraire, à qui le Sphinx révèle lui-même la réponse à l'énigme qu'il posera. Œdipe sera roi, mais pas le même héros que la légende.

Acte III : la nuit de noces

Après une journée de célébration et de couronnement, Œdipe et Jocaste se retrouvent dans la chambre nuptiale. Visiblement fatigués par une journée protocolaire, ils luttent pour ne pas s'endormir, installant la scène entre rêve et réalité. Au milieu de la pièce est encore présent le berceau de l'enfant que Jocaste et Laïus avaient abandonné (et qui n'est autre qu'Œdipe lui-même). Tous deux apparaissent comme des êtres naïfs et semblent former un jeune couple maladroit. Partie se faire coiffer par ses femmes, la reine laisse la place à Tirésias qui vient faire part au roi de ses mauvais présages. Œdipe, aveuglé par son orgueil, ne le croit pas et ils en viennent aux mains. Le prêtre insiste sur la jeunesse d'Œdipe, et le roi lui rétorque qu'il est issu d'une famille princière (il se croit encore l'héritier du trône de Corinthe). La reine de retour, Œdipe évoque avec elle sa venue à Thèbes et, alors qu'il tombe dans un demi-sommeil, voit apparaître Anubis. Épuisée, Jocaste ne cesse quant à elle de confondre son mari et son fils, insistant sans en avoir conscience sur l'inceste qui va se dérouler entre les murs de la chambre. La fin de l'acte met en scène un ivrogne qui, sous les fenêtres royales, parle de la politique et de la jeunesse du roi, pendant que Jocaste déplace le miroir, faisant apparaître aux yeux de tous une réalité dont elle n'a pas encore conscience. Les personnages commencent tout de même à reconnaître leurs défauts et leurs faiblesses : Œdipe, qui avoue sa virginité à Tirésias, sait qu'il n'est pas le héros qu'il prétend être, tandis que Jocaste, préoccupée par leur différence d'âge, se reproche son infanticide et regarde le mur avec culpabilité, sachant qu'elle n'a pas fait tous les efforts qu'il fallait pour y voir son défunt mari.

Acte IV : Œdipe roi

Le quatrième acte respecte le cadre de la pièce de Sophocle. Dix-sept ans ont passé depuis le mariage d'Œdipe et de Jocaste. Après un règne sans tâche et l'engendrement de deux fils et deux filles, la peste qui s'abat sur Thèbes apparaît comme la première difficulté qui se présente au roi. L'acte s'ouvre sur l'arrivée d'un messager qui vient annoncer à Œdipe la mort de Polybe. Alors qu'il croit ainsi échapper à l'oracle, le messager lui annonce aussi qu'il a été retrouvé mourant dans les collines et qu'il a été adopté par le roi de Corinthe. Remontant le fil de sa propre histoire, Œdipe avoue à Jocaste qu'avant de se rendre à Thèbes, il a tué un homme par accident, au carrefour de Daulie et de Delphes. La reine est la première à comprendre et reconstruit la malédiction qui touche le roi. Elle se donne alors la mort. Prenant la mesure de son histoire, Œdipe se crève les yeux. Alors qu'il décide de quitter la ville, Jocaste lui apparaît, non pas sous les traits de sa femme, mais sous ceux de sa mère. Par l'intermédiaire d'Antigone, elle l'accompagnera dans son périple. Appuyé sur le bâton de Tirésias, il part sur la route, accompagné de sa fille. Œdipe se rapproche ainsi des hommes et du mythe fondateur.

LES RAISONS
DU SUCCÈS

Le mythe d'Œdipe est extrêmement bien implanté dans la tradition européenne. Il est peu de dire qu'après plus de deux mille ans, l'histoire du roi de Thèbes, parricide et coupable d'inceste, est connue de tous. Par ailleurs, les travaux en psychanalyse de Freud ont sensiblement réhabilité le mythe, en lui donnant une nouvelle résonance au niveau de l'inconscient. À ce titre, Cocteau laisse une place considérable à ces possibilités nouvelles pour l'interprétation. Le prêtre Tirésias dit de lui-même que son métier est de « déchiffrer les rêves » (acte 1). Le paradoxe de Tirésias, aussi bien omniscient qu'aveugle (« Et à quoi sert ton troisième œil, je demande » l'interroge Jocaste au premier acte), incapable en tout cas d'aider les personnages à rivaliser avec les dieux, exprime à lui seul les réticences de Cocteau à l'égard du « tout psychanalytique » que d'autres poètes (les surréalistes en tête) ont installé. Par la suite, Jocaste décrit l'un de ses rêves au prêtre, comme elle pourrait le faire face à son analyste : « L'endroit du rêve ressemble un peu à cette plate-forme ; alors je te le raconte. Je suis debout, la nuit ; je berce une espèce de nourrisson. Tout à coup, ce nourrisson devient une pâte gluante qui me coule entre les doigts. Je pousse un hurlement et j'essaie de lancer cette pâte ; mais… oh ! Zizi… Si tu savais, c'est immonde…. Cette chose, cette pâte reste reliée à moi et quand je me crois libre, la pâte revient à toute vitesse et gifle ma figure. Et cette pâte est vivante. Elle est une espèce de bouche. Et elle se glisse partout : elle cherche mon ventre, mes cuisses. Quelle horreur. » On pourrait voir une liaison fondamentale exprimée par Cocteau entre l'ordonnancement du monde et l'intériorité. En d'autres termes, le dramaturge nous parlerait là de sa conception de la spiritualité. C'est une des particularités de la pièce de Cocteau. En effet, si elle souhaite, comme d'autres, délivrer un discours sur le monde contemporain, il n'en reste pas moins que la vérité des êtres semble plus facile à transmettre dans l'espace du rêve. C'est aussi en cela que *La Machine infernale* permet d'exprimer ce que la tradition n'avait que peu relevé : la complexité des personnages et leur grande humanité, jusque dans leurs peurs, leur bêtise et leurs faiblesses. Ils sont plus que des exemples ou la figuration de thèmes, mais des caractères à part entière.

Par ailleurs, s'il semble respecter à la lettre les canons du mythe, il en élargit sensiblement l'expression. Le premier acte, entre mysticité du fantôme et burlesque de la situation, met à mal le cadre tragique de la tradition. Le deuxième acte narre un épisode (la rencontre entre Œdipe et le Sphinx) peu traité par le passé, si ce n'est dans la tradition iconographique et notamment dans la peinture néo-classique (« Oedipe explique l'énigme du Sphinx » d'Ingres, tableau peint vers 1808 ; « Œdipe et le Sphinx » de Moreau en 1864). Cette scène est aussi l'occasion de traiter de l'ambiguïté du personnage de la Sphinx, traditionnellement représentée comme une « tueuse d'homme » (acte 1), ce qui en révèle son caractère éminemment érotique. La question du corps est, elle aussi, installée dans le troisième acte, sous les atours de la maladresse des deux époux et du manque d'expérience criant d'Œdipe. Enfin, le dernier acte, plus condensé que la pièce de Sophocle, est exprimé avec la nervosité et l'urgence d'une destinée qui se déploie violemment, ramenant Œdipe à sa condition humaine. Autre changement et non des moindres : Cocteau abandonne, par souci de modernité, le chœur et le coryphée, au profit d'une unique Voix qui présente les grandes lignes de la situation narrative par de courtes introductions. Ainsi, au lieu d'être un contrepoids à la tragédie qui se déroule en donnant la parole au peuple, on évacue le problème de l'histoire et on tente ainsi de faire émerger une poésie propre, plus nerveuse et moins lyrique que la tradition.

Comme beaucoup d'autres écrivains qui ont repris à la même période les mythes antiques pour les mettre en scène, Cocteau offre une nouvelle langue à la pièce et, plus généralement encore, à la tragédie. Les vers classiques, progressivement délaissés avec le drame romantique, sont ici totalement abandonnés au profit de la vitalité des échanges. Les dialogues ne sont parfois pas si éloignés du théâtre populaire, les personnages employant l'argot ou un langage parlé, à l'image du surnom que Jocaste donne à Tirésias (Zizi). Les unités de lieu, de temps et d'action sont éclatées pour être réunies au quatrième acte. Les décors et la mobilité de la scène aident sensiblement ce travail.

Alors que d'autres pièces l'exposent à outrance, Cocteau use ici assez peu de l'anachronisme, préférant jongler assez subtilement entre la modernité de son écriture et le hors-temps de ses dispositifs dramatiques. Les objets jouent toutefois un rôle essentiel dans la dramaturgie de la pièce : l'écharpe, la broche et le berceau signalent l'ironie tragique qui attend les personnages et donnent une matérialité à la machine construite pour les détruire. Reste qu'à l'aide de ses collaborateurs, Cocteau donne une orientation esthétique neuve à la tragédie, notamment en insistant sur les décors et les costumes qui installent une atmosphère fantastique sur scène.

Très marquée par une mode d'écriture, sans être pourtant inféodée à un mouvement littéraire, la pièce de Cocteau se démarque résolument de ses contemporains par un dernier point : elle n'est pas uniquement le miroir d'une société décadente, mais aussi celui du poète qui l'a écrite. Par le mythe va s'exprimer une mythologie personnelle, Cocteau donnant une illustration novatrice d'une première moitié du XXe siècle qui voit naître les sciences psychologiques.

LES THÈMES
PRINCIPAUX

Dans la lignée de la pièce de Sophocle, *La Machine infernale* de Cocteau montre les forces suprêmes et démiurgiques à l'œuvre, comme le présente la Voix dans l'introduction du premier acte : « Regarde, spectateur, remontée à bloc, de telle sorte que le ressort se déroule avec lenteur tout au long d'une vie humaine, une des plus parfaites machines construites par les dieux infernaux pour l'anéantissement mathématique d'un mortel. » Peut-être plus encore que dans la tradition antique, où les défis entre les hommes et les dieux sont légion, la fatalité qui poursuit Œdipe n'est pas le châtiment d'une faute, mais bien la concrétisation d'un supplice cruel voulu par des dieux méchants. Ils jouent confusément avec les hommes et leur font endosser un destin qu'ils n'ont ni choisi ni construit. Le libre-arbitre est donc un véritable mensonge qui ne cesse d'alimenter les fantasmes de l'homme. Tous, pourtant, y croient : Œdipe en voulant réchapper à la parole des oracles et en quittant Corinthe pour ne pas tuer Polybe ; Jocaste et Laïus en décidant d'abandonner leur enfant et en tentant ainsi de contrecarrer la monstruosité de leur destin. La victoire d'Œdipe contre le Sphinx n'est que d'apparat et, dans les paroles qu'il profère à la fin du deuxième acte, il est possible de percevoir, derrière les verbes d'action, les rouages du destin définitivement enclenchés. Quand il crie « j'épouserai la reine Jocaste » et « je serai roi », il ne fait que surligner pour le public les moments forts d'une histoire écrite pour lui, alors qu'il croit exprimer sa victoire et sa volonté.

Les personnages ne sont d'ailleurs pas en mesure de lire les signes envoyés, trop préoccupés par des affaires qui les coupent des grandes questions de ce monde, comme le suppose l'un des deux soldats à la fin du premier acte : « Un conseil : Laisse les princes s'arranger avec les princes, les fantômes avec les fantômes, et les soldats avec les soldats. » Les soldats, comme le messager, l'ivrogne ou le peuple qu'on entend au début du premier acte, n'ont que peu voix au chapitre et subissent la loi des dieux et des chefs dans une société cloisonnée dans son propre système hiérarchique. Les signes qui leur sont envoyés ne sont ainsi compris ni de la reine, ni d'Œdipe, et prennent définitivement sens au quatrième acte :

- Jocaste : « Mais ce n'est pas contre toi que j'en ai… C'est contre cette écharpe ! Je suis entourée d'objets qui me détestent ! Tout le jour cette écharpe m'étrangle. Une fois, elle s'accroche aux branches, une autre fois, c'est le moyeu d'un char où elle s'enroule, une autre fois tu marches dessus. C'est un fait exprès. Et je la crains, je n'ose m'en séparer. C'est affreux ! C'est affreux ! Elle me tuera. » Parlant en ces termes à Tirésias, Jocaste n'est pas en mesure de lire par avance qu'elle se pendra, au quatrième acte, avec cette même écharpe rouge.

- Œdipe : « Ah ! sale bête ! Je suis aveugle. Il m'a lancé du poivre. » Par ces mots, Œdipe renvoie à sa propre cécité.

Ajoutons qu'à chaque fois, c'est Tirésias qui est l'interlocuteur. Lui le prêtre, celui qui doit lire et décoder les présages, n'est jamais en mesure de le faire. Ses doutes, fondés, ne seront jamais écoutés par les personnages principaux.

La grande particularité de la pièce de Cocteau face à la tradition antique réside dans le statut des dieux. Ceux-ci, rouages essentiels de la machine infernale qu'ils s'évertuent à faire fonctionner, sont eux aussi dépendants de règles et de normes, d'une hiérarchie qui leur est imposée. Le Sphinx apparaît comme le pantin que les dieux (ceux que nous ne pouvons voir) manipulent à l'envi. Présente une grande partie du deuxième acte sous les traits d'une jeune fille, elle est ainsi plus proche des humains qu'elle est pourtant censée tuer. Anubis, le dieu égyptien, affirme ici un ordre des choses auquel même eux ne peuvent déroger : « Obéissons. Le mystère a ses mystères. Les dieux possèdent leurs dieux. Nous avons les nôtres. Ils ont les leurs. C'est ce qui s'appelle l'infini. »

Cette phrase du dieu à tête de chacal est l'occasion d'introduire un second thème, celui de l'espace et du temps. C'est d'abord dans sa construction que Cocteau modifie notre considération traditionnelle de ces deux notions. Il rend simultanés les deux premiers actes, ne liant pas ainsi le temps « réel » à celui de la représentation. Face à cela, il décide de séparer de dix-sept années le dernier acte des trois premiers. Ce procédé, on l'aura bien compris, met à mal toute représentation classique et cherche à exprimer un autre rapport au temps, que ce soit celui de l'artiste (le temps de l'écriture), du spectacle (le temps de la représentation), des personnages (le temps de l'action) ou même l'infinité du monde et des êtres (le temps métaphysique). Anubis, seul personnage qui semble en mesure de comprendre les tenants et les aboutissants du monde environnant, explique l'infinité spatio-temporelle en ces termes au Sphinx : « Regardez les plis de cette étoffe. Pressez-les les uns contre les autres. Et maintenant, si vous traversez cette masse d'une épingle, si vous enlevez l'épingle, si vous lissez l'étoffe jusqu'à faire disparaître toute trace des anciens plis, pensez-vous qu'un nigaud de campagne puisse croire que les innombrables trous qui se répètent de distance en distance résultent d'un seul coup d'épingle ? » Et Anubis de répondre lui-même : « Le temps des hommes est de l'éternité pliée. » Voilà une conception du temps et de l'espace qui n'aurait pas été sans déplaire à Henri Bergson :

la tension entre durée et simultanéité permet de dire le mouvement. En même temps, Cocteau nous affirme que l'infinité, aussi présente soit-elle, n'est jamais totalement accessible aux hommes qui n'en ont, finalement, qu'une idée partielle.

ÉTUDE DU MOUVEMENT LITTÉRAIRE

La période de l'entre-deux-guerres est extrêmement chaotique, tant d'un point de vue politique, que social ou économique. C'est ce qui la rend encore plus fertile pour la littérature et pousse les créateurs à des œuvres de plus en plus engagées. Il est vrai qu'entre la reprise économique qui suit directement la fin de la guerre, puis la crise de 1929, qu'entre l'émergence et l'affirmation de nouvelles classes sociales et les besoins d'une époque neuve, qu'entre l'arrivée du communisme en Russie, le recul progressif de l'Église, la montée des mouvements fascistes en Europe et l'installation du Front populaire en France, le panorama ne cesse de changer et demande encore à s'affirmer dans une démocratie stable. Il ne faut pas oublier que les artistes qui naissent avec le siècle sont profondément marqués par la Première Guerre mondiale qui sera très meurtrière (près de 2 millions de morts). Certains écrivains y perdent la vie (Alain-Fournier, André Lafon…), d'autres reviennent handicapés (Cendrars, Apollinaire…) et tous sont touchés au plus profond de leur être, ayant la sensation de devenir une génération perdue au service d'une guerre qu'ils ne comprennent pas.

Les tentatives de révolution sociale et poétique qui naissent dans la première partie du siècle jalonnent elles aussi l'histoire littéraire de l'entre-deux-guerres. Bien sûr, les surréalistes semblent être à la tête d'un front qui souhaite libérer les hommes des carcans sociaux (les classes) et poétiques (les normes d'écriture). Ils sont loin d'être seuls et beaucoup paraissent disposés à s'engager dans toutes les problématiques de la société. Aussi proche qu'il puisse être des surréalistes dans les années 20, Cocteau n'en reste pas moins rétif aux discours prosélytes de Breton et de Soupault. Intéressé par les nouvelles formes d'expression proposées par les surréalistes, notamment par le rôle de l'image, il use de ces procédés afin de construire une véritable mythologie personnelle qui répond d'une volonté fondamentale : être en quête de soi.

Sans s'inscrire radicalement sous l'étiquette d'un mouvement, les écrivains s'interrogent à cette époque sur la destinée de l'humanité. Les écrivains partagent au milieu du siècle les quêtes et les questions de la morale, de la philosophie et de la pensée politique. Dans ce contexte, les années 30 se situent à la croisée des chemins, entre un renouvellement poétique et un engagement politique que représenteront, dans les années 40 et après, Malraux, Mauriac, Sartre, Simone de Beauvoir ou encore Camus.

Parallèlement s'opère un changement dans l'écriture théâtrale. Développés au XIXe siècle, le « boulevard » et le vaudeville s'affirment au début du XXe siècle et ne cessent de déplacer les foules. Cette tradition d'un théâtre léger, s'occupant de questions familiales, de démêlés conjugaux et de relations extraconjugales, insiste moins sur la qualité du texte que sur l'effet à produire sur le public. Populaire par définition, il est le terrain d'élection d'auteurs entrés dans la postérité tel que Georges Courteline, Georges Feydeau ou Sacha Guitry qui développent un véritable souci du spectacle. Les années 30 voient aussi le retour d'une tragédie qui reprend les grands mythes de l'antiquité grecque. Cette renaissance littéraire de la mythologie n'est pas propre au théâtre et est annoncée depuis plusieurs décennies en poésie (*La Jeune Parque* de Paul Valéry en 1917) et dans les arts plastiques (*Hector et Andromaque* de Giorgio de Chirico en 1918). Elle a même connu une étonnante vitalité, du tournant du siècle (*Le Prométhée mal enchaîné* de Gide en 1899) jusqu'au milieu des années 50 (*Les Gommes* d'Alain Robbe-Grillet est un roman qui reprend le mythe d'Œdipe). Cette réaction face à l'abandon des figures mythologiques qu'avaient effectué les romantiques est tout sauf académique et semble provenir d'une volonté de réactiver les images et les fables qui appartiennent à la culture occidentale. Au-delà du sens littéral du mythe, ces tentatives souhaitent en retrouver l'esprit et la portée. Sans avoir sa signification symbolique, le récit littéraire tente de véhiculer une vérité générale. Ce retour en arrière ne rime donc pas avec fuite de l'époque. Au contraire, il s'agit de poser des questions essentielles qui resurgissent au XXe siècle, d'interroger les limites de la liberté et le tragique de la condition humaine, sans pour autant tomber dans les « facilités » du réalisme. Par les grands mythes antiques, les écrivains cherchent à exprimer un langage universel et adapté aux préoccupations contemporaines.

Les mythes apparaissent comme les éléments qui structurent l'imaginaire littéraire, le héros tragique devenant un modèle idéal qu'il faut pouvoir explorer. Si ce rôle a été tenu par la mythologie à toutes les époques, il n'est jamais apparu aussi clairement que dans la première moitié du XXe siècle. La raison en est simple : la psychanalyse, créée à la fin du XIXe siècle par Sigmund Freud, considère les mythes comme la projection des fantasmes universels. Freud s'appuie sur le mythe d'Œdipe et sur la pièce de Sophocle pour parler en termes de « complexe » de l'attraction juvénile de l'enfant vers sa mère, accompagnée d'une volonté, refoulée et combattue, de tuer le père. Plus tard, Carl Gustav Jung verra les symboles mythologiques comme les archétypes de l'inconscient collectif (l'inceste, le parricide…), affirmant une nouvelle fois leur portée universelle. L'influence de la psychanalyse est illustrée par une grande primauté donnée au cycle thébain, dont le personnage central est Œdipe lui-même. Jean

Cocteau est d'ailleurs l'un des plus actifs sur le sujet avec la rédaction d'*Antigone* (1922) et d'*Œdipe roi* (1928) puis la représentation de *La Machine infernale* en 1934. Anouilh (*Antigone*, 1944) ou Gide (*Œdipe*, 1931) ont tenté eux aussi l'expérience. D'autres figures sont explorées comme celle du poète Orphée (*Orphée-Roi* de Victor Segalen en 1921 ; *Orphée* de Cocteau en 1927 ; *Eurydice* d'Anouilh en 1942), le cycle des Atrides qui permet de penser la violence de la guerre (*Électre* de Giraudoux en 1937, *Les Mouches* de Sartre en 1943), l'histoire de Troie pour dire les calculs politiciens de l'époque (*La Guerre de Troie n'aura pas lieu*, 1935). Par la convocation d'un tel fonds mythologique, connu de la majorité des spectateurs, les écrivains entendent être présents sur la scène de l'Histoire et invitent à agir par leurs fictions et par leurs réflexions. Parfois plus individuelles, comme *La Machine infernale*, elles sont le moyen pour leur auteur de se penser dans le monde, tout en cherchant à leur donner de véritables orientations métaphysiques.

DANS LA MÊME COLLECTION
(par ordre alphabétique)

- **Anonyme**, *La Farce de Maître Pathelin*
- **Anouilh**, *Antigone*
- **Aragon**, *Aurélien*
- **Aragon**, *Le Paysan de Paris*
- **Austen**, *Raison et Sentiments*
- **Balzac**, *Illusions perdues*
- **Balzac**, *La Femme de trente ans*
- **Balzac**, *Le Colonel Chabert*
- **Balzac**, *Le Lys dans la vallée*
- **Balzac**, *Le Père Goriot*
- **Barbey d'Aurevilly**, *L'Ensorcelée*
- **Barbey d'Aurevilly**, *Les Diaboliques*
- **Bataille**, *Ma mère*
- **Baudelaire**, *Les Fleurs du Mal*
- **Baudelaire**, *Petits poèmes en prose*
- **Beaumarchais**, *Le Barbier de Séville*
- **Beaumarchais**, *Le Mariage de Figaro*
- **Beauvoir**, *Mémoires d'une jeune fille rangée*
- **Beckett**, *En attendant Godot*
- **Beckett**, *Fin de partie*
- **Brecht**, *La Noce*
- **Brecht**, *La Résistible ascension d'Arturo Ui*
- **Brecht**, *Mère Courage et ses enfants*
- **Breton**, *Nadja*
- **Brontë**, *Jane Eyre*
- **Camus**, *L'Étranger*
- **Carroll**, *Alice au pays des merveilles*
- **Céline**, *Mort à crédit*

- **Céline**, *Voyage au bout de la nuit*
- **Chateaubriand**, *Atala*
- **Chateaubriand**, *René*
- **Chrétien de Troyes**, *Perceval*
- **Cocteau**, *Les Enfants terribles*
- **Colette**, *Le Blé en herbe*
- **Corneille**, *Le Cid*
- **Crébillon fils**, *Les Égarements du cœur et de l'esprit*
- **Defoe**, *Robinson Crusoé*
- **Dickens**, *Oliver Twist*
- **Du Bellay**, *Les Regrets*
- **Dumas**, *Henri III et sa cour*
- **Duras**, *L'Amant*
- **Duras**, *La Pluie d'été*
- **Duras**, *Un barrage contre le Pacifique*
- **Flaubert**, *Bouvard et Pécuchet*
- **Flaubert**, *L'Éducation sentimentale*
- **Flaubert**, *Madame Bovary*
- **Flaubert**, *Salammbô*
- **Gary**, *La Vie devant soi*
- **Giraudoux**, *Électre*
- **Giraudoux**, *La Guerre de Troie n'aura pas lieu*
- **Gogol**, *Le Mariage*
- **Homère**, *L'Odyssée*
- **Hugo**, *Hernani*
- **Hugo**, *Les Misérables*
- **Hugo**, *Notre-Dame de Paris*
- **Huxley**, *Le Meilleur des mondes*
- **Jaccottet**, *À la lumière d'hiver*
- **James**, *Une vie à Londres*
- **Jarry**, *Ubu roi*
- **Kafka**, *La Métamorphose*
- **Kerouac**, *Sur la route*

- **Kessel**, *Le Lion*
- **La Fayette**, *La Princesse de Clèves*
- **Le Clézio**, *Mondo et autres histoires*
- **Levi**, *Si c'est un homme*
- **London**, *Croc-Blanc*
- **London**, *L'Appel de la forêt*
- **Maupassant**, *Boule de suif*
- **Maupassant**, *Le Horla*
- **Maupassant**, *Une vie*
- **Molière**, *Amphitryon*
- **Molière**, *Dom Juan*
- **Molière**, *L'Avare*
- **Molière**, *Le Malade imaginaire*
- **Molière**, *Le Tartuffe*
- **Molière**, *Les Fourberies de Scapin*
- **Musset**, *Les Caprices de Marianne*
- **Musset**, *Lorenzaccio*
- **Musset**, *On ne badine pas avec l'amour*
- **Perec**, *La Disparition*
- **Perec**, *Les Choses*
- **Perrault**, *Contes*
- **Prévert**, *Paroles*
- **Prévost**, *Manon Lescaut*
- **Proust**, *À l'ombre des jeunes filles en fleurs*
- **Proust**, *Albertine disparue*
- **Proust**, *Du côté de chez Swann*
- **Proust**, *Le Côté de Guermantes*
- **Proust**, *Le Temps retrouvé*
- **Proust**, *Sodome et Gomorrhe*
- **Proust**, *Un amour de Swann*
- **Queneau**, *Exercices de style*
- **Quignard**, *Tous les matins du monde*
- **Rabelais**, *Gargantua*

- **Rabelais**, *Pantagruel*
- **Racine**, *Andromaque*
- **Racine**, *Bérénice*
- **Racine**, *Britannicus*
- **Racine**, *Phèdre*
- **Renard**, *Poil de carotte*
- **Rimbaud**, *Une saison en enfer*
- **Sagan**, *Bonjour tristesse*
- **Saint-Exupéry**, *Le Petit Prince*
- **Sarraute**, *Enfance*
- **Sarraute**, *Tropismes*
- **Sartre**, *Huis clos*
- **Sartre**, *La Nausée*
- **Senghor**, *La Belle histoire de Leuk-le-lièvre*
- **Shakespeare**, *Roméo et Juliette*
- **Steinbeck**, *Les Raisins de la colère*
- **Stendhal**, *La Chartreuse de Parme*
- **Stendhal**, *Le Rouge et le Noir*
- **Verlaine**, *Romances sans paroles*
- **Verne**, *Une ville flottante*
- **Verne**, *Voyage au centre de la Terre*
- **Vian**, *J'irai cracher sur vos tombes*
- **Vian**, *L'Arrache-cœur*
- **Vian**, *L'Écume des jours*
- **Voltaire**, *Candide*
- **Voltaire**, *Micromégas*
- **Zola**, *Au Bonheur des Dames*
- **Zola**, *Germinal*
- **Zola**, *L'Argent*
- **Zola**, *L'Assommoir*
- **Zola**, *La Bête humaine*
- **Zola**, *Nana*
- **Zola**, *Pot-Bouille*